BEI GRIN MACHT SICH IHR WISSEN BEZAHLT

AF140756

- Wir veröffentlichen Ihre Hausarbeit, Bachelor- und Masterarbeit

- Ihr eigenes eBook und Buch - weltweit in allen wichtigen Shops

- Verdienen Sie an jedem Verkauf

Jetzt bei www.GRIN.com hochladen und kostenlos publizieren

GRIN

Bibliografische Information der Deutschen Nationalbibliothek:

Die Deutsche Bibliothek verzeichnet diese Publikation in der Deutschen National-bibliografie; detaillierte bibliografische Daten sind im Internet über http://dnb.d-nb.de/ abrufbar.

Impressum:

Copyright © 2011 GRIN Verlag, Open Publishing GmbH
Druck und Bindung: Books on Demand GmbH, Norderstedt Germany
ISBN: 978-3-668-16772-8

Dieses Buch bei GRIN:

http://www.grin.com/de/e-book/317554/migranten-in-den-medien-eine-untersu-chung-der-medialen-darstellung-in

Elias Bern

Migranten in den Medien. Eine Untersuchung der medialen Darstellung in den Printmedien

GRIN Verlag

GRIN - Your knowledge has value

Der GRIN Verlag publiziert seit 1998 wissenschaftliche Arbeiten von Studenten,
Hochschullehrern und anderen Akademikern als eBook und gedrucktes Buch. Die
Verlagswebsite www.grin.com ist die ideale Plattform zur Veröffentlichung von
Hausarbeiten, Abschlussarbeiten, wissenschaftlichen Aufsätzen, Dissertationen
und Fachbüchern.

Besuchen Sie uns im Internet:

http://www.grin.com/

http://www.facebook.com/grincom

http://www.twitter.com/grin_com

Inhaltsverzeichnis

1. Einleitung

Untersuchungsgegenstand der vorliegenden Ausarbeitung ist die Vertiefung von Migranten in den Medien. Es steht die mediale Darstellung der Migranten in den Printmedien im Vordergrund. Im ersten Kapitel werden Ansätze der Medienwirkungsforschung vorgestellt. Hierbei soll auf einer theoretisch fundierten Basis gezeigt werden, welche Wirkung die Medien auf die Rezipienten erzielen. Im zweiten Kapitel erfolgt die Darstellung der Migranten in den Medien. Zunächst wird die Fremdenfeindlichkeit in den Medien thematisiert. Im weiteren Verlauf erfolgt die Präsentation des Sprachgebrauchs „Ethnolekt" im medialen Migrationsdiskurs und geht weiterhin über zu den Integrationsdebatten in den Medien. Der letzte Unterpunkt des dritten Kapitels befasst sich mit dem Thema Islam in den Medien. Eine kritische Auseinandersetzung mit dem Thema und ein Fazit runden die Ausarbeitung ab.

Die Printmedien, wie Zeitungen, Zeitschriften oder Magazine, besitzen einen sehr großen Stellenwert in unserer Gesellschaft und tragen sowohl bei Erwachsenen als auch bei Jugendlichen durch die Thematisierung von aktuellen Ereignissen, der Vermittlung von Normen und Werten und der Konstruktion von Bildern der sozialen Realität zur gesellschaftlichen Integration und zur Entwicklung einer eigenen Identität bei.[1] Die Medien nehmen in unserer heutigen Zeit in vielen Fällen die Funktion der primären Informationsquelle ein. Ein Großteil des Wissens, dass die Menschen sich aneignen, stammt aus den Medien. Niklas Luhman kommentierte den Einfluss der Medien folgendermaßen: „Was wir über unsere Gesellschaft, ja über die Welt, in der wir leben, wissen, wissen wir durch die Massenmedien."[2] Bei der Wissensaneignung in Bezug auf die Migranten ist dies nicht anders. Den Medien kommt eine zentrale Bedeutung bei der Strukturierung gesamtgesellschaftlicher Diskurse zu und tragen somit wesentlich an der Konstruktion der Wirklichkeit bei. Die Macht der Medien besteht in der individuellen Berichterstattung. Sie können die Berichte nach ihren eigenen Kriterien selektieren, thematisieren, hervorheben und kommentieren. Trotz ihrer Filterfunktion, eröffnen die Medien die Tür zur Außenwelt.

---

[1]Bonfadelli, H. (2008): Jugend, Medien und Migration. Empirische Ergebnisse und Perspektiven. Wiesbaden: VS Verlag für Sozialwissenschaften
[2] Bonfadelli 2008, S.39

2. Ansätze der Medienwirkungsforschung

Die Kernfrage mit der sich die Medienwirkungsforschung beschäftigt lautet „Welche Wirkungen haben die Medien auf den Rezipienten?". Wissenschaftliche Studien beschäftigen sich seit Anfang des 20.Jahrhunderts mit dieser Frage. Allerdings gibt es keine einheitliche Antwort auf die Wirkungsfrage. Der Grund hierfür liegt darin, dass nicht genau beantwortet werden kann, was Medienwirkung bedeutet. Es wird zum Einen zwischen unterschiedlichen Wirkungsbereichen, wie z.b. Wirkungen auf das Verhalten, auf das Wissen, auf Meinungen und Einstellungen und auf Emotionen und zum Anderen zwischen Wirkungsphasen unterschieden, die die Wirkungen vor, während und nach Aufnahme einer Aussage feststellen.

Die so genannte „Stimulus-Response(S-R)-Theorie" gehört zu den älteren Wirkungsmodellen und besagt, dass mediale Reize jeden Menschen auf gleicher Art und Weise erreichen. Es wird davon ausgegangen, dass jeder Rezipient jede Aussage gleich wahrnimmt und eine identische Reaktion darauf zeigt. Der heutige wissenschaftliche Stand beweist, dass die damaligen Annahmen nicht richtig waren. Die Dissonanztheorie hat nämlich festgestellt, dass Medieninhalte nicht nur unterschiedlich wahrgenommen werden, sondern dass sie auch einer ganz subjektiven Interpretation unterliegen. Einen weiteren aktuellen Ansatz stellt der Nutzen- und Belohnungsansatz (Uses and Gratifications Approach) von Katz/ Blumler dar, welcher aussagt, dass Menschen Medien nutzen, um daraus einen subjektiven Nutzen zu ziehen. Dieser Nutzen, welcher auch als Belohnung (Gratifikation) gekennzeichnet wird, lässt sich als zielorientiertes Handeln definieren und ordnet den User somit in die aktive Rolle zu. Es geht also nunmehr um die Frage „Was machen die Menschen mit den Medien?", statt „Was machen die Medien mit den Menschen?".[3] Hierbei wird die Perspektive des aktiven Rezipienten in den Fokus gestellt. Der Mensch orientiert sich in dem großen Inhaltsspektrum der Medienwelt nach seiner individuellen Bedürfnislage.

Im aktuellen Forschungstand steht es außer Frage, dass Medien in unserer Gesellschaft als starke Beeinflussungsinstanzen anerkannt werden. Die Macht der Medien besteht sowohl in der Wissensvermittlung, als auch in der Beeinflussung der Einstellung und des Verhaltens, wie das u.a. Zitat von Butterwegge kenntlich macht.

> „Medien tragen entscheidend dazu bei, dass sich bestimmte Diskurse zu ,dominanten Diskursen' formieren und andere, wie beispielsweise jene, in denen die Alltagserfahrungen zum Ausdruck kommen, marginalisiert werden. [...] Massenmedien setzen Themen in einer ganz bestimmten Weise auf die Tagesordnung, bringen sie in Umlauf und leisten auf die Weise einen wesentlichen Beitrag zur Konstruktion und

---

[3] Schenk, M. (2007): Medienwirkungsforschung. 3.Auflage. Tübingen: Mohr Siebeck, S.651

Wahrnehmung der Wirklichkeit. Sie bestimmen nicht nur, was zu einem Zeitpunkt als wichtig und diskussionswürdig erachtet wird, sondern auch die Art und Weise, wie darüber gesprochen oder gedacht wird."[4]

Die Agenda-Setting-Theorie gilt als einer der wichtigsten Wirkungsmodelle unserer heutigen Zeit. Der zentrale Gedanke dieser Theorie ist, dass die Medien zunächst einmal Einfluss darauf nehmen müssen, worüber Menschen nachdenken. Erst dann kann im weiteren Verlauf untersucht werden, welche Wirkung Medien auf die Denkweise der Menschen haben. Aufgrund der unglaublichen Fülle von Tagesereignissen, müssen die Medien eine bestimmte Auswahl von Themen treffen, um diese dann an das Publikum als Medienrealität zu berichten. Es werden nach individuellen Selektionsmustern ,dringende' Themen auf die Tagesordnung (Agenda) gesetzt. Diesen Akt bezeichnet Luhmann als „Themenuniversum"[5], welches „die Prioritätensetzung und Themenstrukturierung beim Rezipienten als Publikumsagenda bzw. soziale Realität bestimmt."[6] Die Themenstrukturierungsfunktion ist der Grund, dass den Medien kognitive Effekte zugeschrieben werden. Inzwischen gibt es drei Modelle, die diesen Prozess in der Agenda-Setting-Theorie näher beschreiben. Die Kernaussage des Awareness-(Aufmerksamkeits-)Modells lautet, dass einige Themen dann erst für die Menschen interessant werden, wenn die Medien darüber berichten. Das zweite Modell, das Salience-(Hervorhebungs-)Modell, besagt, dass die Rezipienten die Wichtigkeit der Themen nach der unterschiedlichen Hervorhebung durch die Medien reguliert. „Das Prioritäten [Rangfolge-] Modell führt schließlich zu der Annahme, dass sich die Themen-Rangfolge in der Medienagenda spiegelbildlich in einer ebensolchen Publikumsagenda niederschlägt."[7]

Die Medienwirkungsforschung hat festgestellt, dass den Printmedien, vor allem den Tageszeitungen, der Themenstrukturierungseffekt besser gelingt als dem Fernsehen. Die Zeitungen können aufgrund ihrer Aufbereitung und Strukturierung nämlich bestimmte Themen besser in den Mittelpunkt stellen bzw. ins Abseits drängen.

3. Die Darstellung der Migranten in den Medien

In Europa sind unterschiedliche Umgangsweisen mit Migration zu erkennen. In den skandinavischen Ländern gilt Einwanderung als konstruktives Element. Länder, wie die

---

[4] Yildiz, E. (2006): Stigmatisierende Mediendiskurse in der kosmoplitanen Einwanderungsgesellschaft. In: Butterwegge, C.: Massenmedien, Migration und Integration. 2. Auflage. Wiesbaden: GWV Fachverlage, S.40
[5] Bonfadelli, H. (2004): Medienwirkungsforschung I. Grundlagen und theoretische Perspektive. Konstanz: UVK, S.237
[6] Bonfadelli 2004, S.237
[7] Schenk 2007, S.448

Niederlande oder Großbritannien sind aufgrund ihrer kolonialen Vergangenheit schon sehr früh mit Einwanderung konfrontiert wurden und besitzen deshalb praktische Vorteile. Ferner bestehen Länder wie die BRD, die eine restriktive Einwanderungspolitik ausüben. Die restriktive Politikeinstellung wiederspiegelt sich auch zum Teil in der medialen Darstellung der Migranten wieder.

3.1 Fremdenfeindlichkeit in den Medien

Medien besitzen eine sehr große Rolle in der Produktion und Reproduktion von Feindbildern. Hierbei greifen die Medien nicht nur auf bestehende Bilder aus der Gesellschaft zurück, sondern sind in der Lage neue Bilder zu konstruieren. Wenn über Ausländer berichtet wird, sind es zumal negative Berichterstattungen. Positive Berichte über Migranten gehören zur Seltenheit in den Medien. Der medial kreierte „Fremde" ist entweder nutzlos, gefährlich oder beides zugleich. Die multikulturelle Realität wird als Bedrohung oder unzumutbare Belastung für die einheimische Bevölkerung gesehen. Hierzu gehören vor allem Muslime aus der Türkei und den arabischen Ländern. Daniel Müller hat die Ergebnisse seiner Forschung über die Darstellung der ethnischen Minderheiten in den Medien folgendermaßen bewertet: „Sie [Die Migranten] kommen [in den Medien] tendenziell selten vor, und wenn, dann häufig in negativ besetzten Zusammenhängen, insbesondere als Kriminelle und überhaupt als Personen, die Geld kosten und/oder gefährlich sind, kurz: als Belastung für die Gesellschaft."
Wenn die Rede von Zuwanderung ist, werden überwiegend konventionelle Metaphern aus den Bereichen Krieg, Warenhandel und Wasser verwendet, wie Einmarsch, Ansturm und Welle. Außerdem werden die Migranten in den deutschen Medien vorwiegend als Ausländer bezeichnet. Diese Begriffsbestimmung beinhaltet schon eine Abgrenzung, die den Einheimischen das Gefühl des „Fremden" verstärkt. Ein weiteres Merkmal der medialen Darstellung der Migranten ist, dass eine sehr genaue Personenbeschreibung stattfindet. Dies gilt vor allem bei Straftaten, in denen die Nationalität und der Name des Täters preisgegeben werden. Dahingegen werden prominente Sportler und Künstler, die Vorteile für den Staat mitbringen, als willkommene Gäste gutgeheißen und als vorbildliche Integrationsbeispiele dargestellt, auch wenn sie nicht der deutschen Sprache mächtig sind. Dieser Gegensatz ist vor allem in den Boulevardpressen zu erkennen, in denen oft die Rede von einer dramatisierenden Ausländerproblematik zu verzeichnen ist. Häufig zu verzeichnende Themen in Verbindung

mit Migranten sind Straftaten, wie Mord und Totschlag, Diebstahl, Raub und (Asyl-)Betrug.[8] Georg Ruhrmann spricht von einem „Negativsyndrom"[9] in den Berichterstattungen der deutschen Medien und weist daraufhin, dass dies zur Förderung der desintegrativen Tendenzen führen kann. Wenn solch eine systematische Benachteiligung in den Medien stattfindet, steigt nämlich auch die Wahrscheinlichkeit einer ethnischen Segregation. Eine ethnische Segregation bedeutet dann, wenn der Migrant auf unbegrenzte Zeit im Aufnahmeland bleibt, aber in einer von Landsleuten gebildeten Gesellschaft lebt. Diese ergibt sich hauptsächlich durch ein fremdenfeindliches Klima im Aufnahmeland oder aus dem strikten Festhalten an kulturellen Eigenheiten. Mit der Distanz verstärkt sich auch umgekehrt oft die Fremdenfeindlichkeit, mit der die Einheimischen den Migranten begegnen.

> „Solche Feindbilder wurden [bzw. werden] über viele Jahre hinweg kontinuierlich aufgebaut. [...] Die Erzeugung eines Feindbildes ist ein längerer und komplizierter Prozess. Ein Medium ist nicht allein bestimmend, sondern steht immer im Verhältnis zu anderen Medien. Nur eine Rede reicht nicht aus, um die ganze westliche Welt für brutale Kampfhandlungen bereit zu machen"[10]

Seref Ates bemerkt zu Recht, dass die Konstruktion eines Feindbildes ein langer Prozess ist und durch mehrere Medien zugleich stattfinden muss, um die bestehenden Vorurteile der Bürger aufrechtzuerhalten und zu verstärken. Dadurch wird auch der Grundbaustein für die Rechtfertigung der politisch eintreffenden Maßnahmen gegenüber den Migranten gelegt. Die Untersuchungen von Christoph Butterwege zeigen die Konstanz und die Aufrechterhaltung der medialen Diskriminierung in den Zeitungen und Zeitschriften. Interessant ist in diesem Kontext, dass nicht nur Boulevardpressen, sondern auch Fachpressen durchaus desintegrative Beiträge liefern. Die Fachzeitschrift Spiegel fällt insbesondere mit fremdenfeindlichen Titelblättern und den dazugehörigen Kapiteln auf. Die Ausgabe 2/2003 vom Spiegel Special erschien mit dem Aufdruck „Allahs blutiges Land. Der Islam und der Nahe Osten". Im Hintergrund der Beschriftung sind verschleierte Muslime, blutverschmierte bärtige Fanatiker und die Pilgerfahrtsstelle Mekka abgebildet. Auf diesem Titelblatt werden alle Vorurteile, die gegenüber dem Islam herrschen, aufgelistet. Der Islam wird in dieser Darstellung als brutal, dunkel und gefährlich dargestellt. In einer anderen Ausgabe vom 17.Juni.2002, indem es um die Zuwanderung von Migranten nach Europa geht, heißt es auf dem Titelblatt „Ansturm der Migranten: Europa macht dicht". Zu der metaphorischen Überschrift wurde ein überladenes Transportschiff abgebildet, in dem die Menschen kaum Platz auf dem Deck haben. Diese

---

[8] Butterwege, C. (2006): Migrationsberichterstattung, Medienpädagogik und politische Bildung. In: Butterwege, C.: Massenmedien, Migration und Integration. 2. Auflage. Wiesbaden: GWV Fachverlage S.190
[9] Butterwege 2006, S.233
[10] Ates, S. (2006): Das Islambild in den Medien nach dem 11.September:2011. In: Butterwege, C.: Massenmedien, Migration und Integration. 2. Auflage. Wiesbaden: GWV Fachverlage, S.155

bildliche Darstellung stellt die Migranten als eine unkontrollierbare Gefahr dar, vordem man sich schützen müsse. In der Ausgabe 13/2007 ist über dem halb abgebildeten Brandenburger Tor die Überschrift „Mekka Deutschland. Die stille Islamisierung" gekennzeichnet. Der Hintergrund ist komplett in schwarz und enthält ein Halbmond mit einem Stern im linken oberen Bereich. Die Dunkelheit soll symbolisch dafür stehen, dass Deutschland über Nacht vom Islam umhüllt wird und die Oberhand einnimmt. Die hier aufgeführten Titelausgaben bestätigen, die von den Wissenschaftlern festgestellte negative Berichterstattung über Migranten bzw. über das Fremde und tragen zur Desintegration bei. Denn durch Restriktion und Unfreundlichkeit werden Migranten wahrscheinlich nur in den seltensten Fällen zur Integration ermuntert.

> „Medien fungieren als Bindeglieder zwischen institutionellem (strukturellem, staatlichem), intellektuellem (pseudowissenschaftlichem) und individuellem bzw. Alltagsrassismus. Sondergesetze für und behördliche Willkürmaßnahmen gegen Migranten, die man ‚institutionellem Rassismus‘ nennen kann, kennen ‚deutsche Normalbürger‘ hauptsächlich aus den Massenmedien. Sie bestätigen meist ihre eigenen Klischeevorstellungen über Ausländer/innen. Umgekehrt benutzt der Staat durch Medien millionenfach verbreitete Ressentiments gegenüber ‚den Ausländern‘, um diese strukturell benachteiligen zu können."[11]

Die Rollenvergabe der Medien innerhalb der oben genannten Bindeglieder ist zutreffend. Die Medien und der Staat stehen in einer Interdependenz zueinander, um ihre individuellen Ziele zu erreichen. Durch die negativen Berichterstattungen werden die Migranten noch stärker mit Gewalt, Kriminalität, religiösem Fundamentalismus und mit politischem Fanatismus assoziiert. Es wäre eine berechtigte Frage, warum Bemühungen zur Förderung der Integration geschehen, wenn doch die Medien anscheinend die Macht in der Darstellung der Migranten besitzen.

3.2 Der Ethnolekt – die repräsentative Sprache der Migranten?

Ein Ethnolekt ist eine Sprechweise (Stil), welche an eine Gruppe bzw. Ethnie gebunden ist. Dieser Sprechstil wird in Deutschland hauptsächlich von Jugendlichen mit türkischem Migrationshintergrund verwendet und wird deshalb auch als „Türkenslang" oder „Kanaksprak" bezeichnet. Hierfür werden sprachliche Ausdrucksformen verwendet, um kulturelle Gegebenheiten, Lebensstile und soziale Identitäten kenntlich zu machen,[12] die auch sprachliche Neuerungen mit sich bringen (z.B. werden Genera verändert, definite bzw.

---

[11] Butterwegge 2006, S. 188
[12] Vgl. Auer, P., Direm, I. (2004): Linguistik – Impulse und Tendenzen. Türkisch sprechen nicht nur die Türken. Über die Unschärfebeziehung zwischen Sprache und Ethnie in Deutschland. Berlin, Walter de Gruyter

undefinite Artikel fehlen etc.). Die sich immer verändernde Sprechart der Jugendlichen ist altersbedingt und gruppenbezogen. Das bedeutet, dass im Folge des schnellen Wandels der Gesellschaft auch die Jugendsprache sich mit den Jahren zunehmend verändert, da der stereotype Ausdruck der Jugendlichen sich von den jeweiligen Gruppenstilen orientiert.

Der Ethnolekt tritt in drei Formen auf: (1) primärer, (2) sekundärer, medial transformierter und (3) tertiärer Ethnolekt.[13] Der primäre Ethnolekt wurde von männlichen Jugendlichen in den deutschen Großstadt-Ghettos in die Welt gesetzt, welche vor allem von Jugendlichen mit türkischem Migrationshintergrund verwendet wird. Der sekundäre Ethnolekt wird seitens der Medien verwendet, um nicht-deutsche Jugendliche bzw. die Sprache des sozialschwachen Milieus zu charakterisieren. Dieser wird oftmals in einer nicht-authentischen Art an die Mediennutzern vermittelt. Der tertiäre Ethnolekt ist eine Weiterentwicklung des sekundären Ethnolekts von deutschen Jugendlichen. Sie zitieren die Medien und entwickeln sie weiter, ohne in Kontakt mit türkischen oder anderen nicht-deutschen Jugendlichen zu stehen. Sie wird ausschließlich unter den deutschen Jugendlichen verwendet und gezielt bei der direkten Interaktion mit Türken vermieden. Das Beherrschen und die Nutzung des Ethnolekts heißt nicht unbedingt, dass die Sprecher eine niedrige Sprachkompetenz besitzen. Die korrekten deutschen Regeln sind durchaus bekannt. Es wiederspiegelt des Öfteren eine sprachliche Variabilität. So kommt es vor, dass in formellen Situationen der Ethnolekt vermieden wird.

Im weiteren Verlauf der Arbeit wird auf den sekundären-medialen Ethnolekt näher eingegangen. Die u.a. Abbildung[14] zeigt die Kategorisierung des Ethnolekts in den Medien.

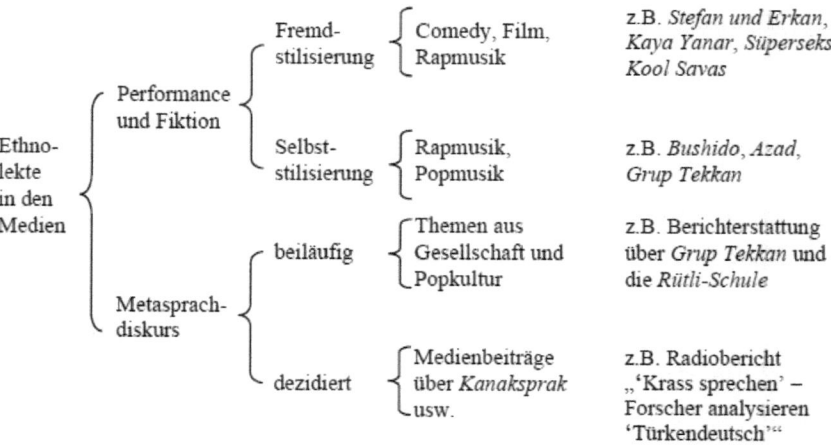

Abb. 1:   Erscheinungsformen von Ethnolekten in den Medien
Performance, Fiktion und Metasprachdiskurs.

8

In der Abbildung ist zu erkennen, dass sich die Ethnolekte in den Medien in zwei Kategorien unterteilen. Zum einen in Performance und Fiktion, in der die Formen der Fremd- und Selbststilisierung angesiedelt sind. Hierbei werden professionellen Akteuren, wie Komödianten, Musikkünstlern oder Filmemachern, die Möglichkeit gegeben Ethnolekte als Ressource zu verwenden, um Bilder von sich selbst (Selbststilisierung) bzw. von bestimmten Sozialgruppen herzustellen (Fremdstilisierung). Zum anderen in den Metasprachdiskurs, welche sich weiterhin in beiläufige und dezidierte Medienberichte unterteilt. Es handelt sich hierbei um metasprachliche Medienberichte, in denen entweder die Sprache das ausdrückliche Hauptthema des Medienbeitrags darstellt (dezidiert) oder in denen die Metasprache beiläufig bzw. als Nebenaspekt zu einem anderen Thema eingeordnet wird.

Androutsopoulos hat in seinen Untersuchungen festgestellt, dass Ethnolekte im Metasprachdiskurs als „schlechtes Deutsch" behandelt werden. Hierfür verwendet er das Beispiel von der Band Grup Tekkan, die im Jahre 2006 für eine kurze Zeit mit dem Titel „Sonnenlicht" die Aufmerksamkeit auf sich gezogen haben. Die drei türkischstämmigen Sänger aus der Pfalz machten sich vor allem durch den pfälzischen Dialekt und Ethnolekt aufmerksam. Die Medien haben in diesem Fall die Sprache als elementaren Aspekt in das Geschehen eingeordnet. Für die Presse stellte die Band ein extravagantes Beispiel dar, um sich über die Sprache der Jugendlichen mit Migrationshintergrund „lustig" zu machen. Speziell in diesem Fall wurden bewusst keine Differenzierungen zwischen Dialekten und Ethnolekten getroffen, um die Merkmale der pfälzischen Dialekte als Sprachdefizite darzustellen. Somit transportieren die Medien verfälschte Bilder an das Publikum, die überwiegend keine primäre Erfahrung mit Ethnolekten gemacht hatten.[15]

Ein Beispiel für eine beiläufige Einordnung der Metasprache in das Geschehen wiederspiegelte der Spiegel-Beitrag zur Rütli-Schule. Die Rütli-Schule wurde durch den Lehrerbrief an den Berliner Bildungssenator bekannt, in diesem die Lehrer, aufgrund von zu hoher Gewalt, die Schließung der Schule verlangten. Der Spiegel-Titel zu diesem Thema lautete „Die verlorene Welt". In dem zwölfseitigen Bericht wird der kommentierte Sprachgebrauch der Migrantenschüler zum Leitmerkmal ihrer gesellschaftlichen und kulturellen Andersartigkeit hervorgehoben und negativ bewertet. Um dies verdeutlicht darstellen zu können wurde ständig ein Vergleich zur „ganz normalen deutschen Wirklichkeit" gezogen. Darüberhinaus wurden abwertende und überspitze Lehrerbeiträge präsentiert, wie z.B. „Da sitzen alles Mustafas und Alis, und alle sprechen sie [= die Lehrerin] an mit „Ey Alte" – wenn sie höflich sind." Der Beitrag lässt den Ethnolekt der SuS

---

[15] Vgl. Androutsopoulos 2007

mit Migrationshintergrund als ihre einzige bzw. normale Sprache erscheinen, so dass die Rezipienten ein sprachdefizitäres Bild von den Migrantenschülern erhalten.[16]

Androutsopoulos hat außerdem diverse Radiobeiträge bezüglich des Ethnolekts analysiert, auf die allerdings in dieser Arbeit nicht näher eingegangen werden kann. Die Ergebnisse seiner Untersuchungen zeigen insgesamt, dass der Ethnolekt als „Normferne", „Fremdheit „ und „gesellschaftliche Negativität" gesehen wird. Der Ethnolekt steht häufig mit den Begriffen „schlechtes Deutsch" oder „Slang" in Verbindung und wird mit Aggressivität assoziiert. Es wird das Bild vermittelt, dass „Ghetto-Kids" den Ethnolekt als ihre normale und einzige Sprache verwenden und dadurch der Gesellschaft Schaden zufügen.

Der Aspekt, dass der Ethnolekt eine Jugendsprache darstellen kann wird in den Berichterstattungen nicht (bzw. kaum) erwähnt. Der Ethnolekt wird als eine Sprachform dargestellt, die nur aufgrund von Sprachdefiziten entstanden ist. Allerdings lassen sich Gründe für eine sprachliche Abgrenzung zur Erwachsenensprache unterscheiden. Der Protestaspekt stellt den Hauptgrund für die Abgrenzung zur Alltagssprache der Erwachsenen dar. Ein weiterer Grund ist der Aspekt der Credibility. Hierbei geht es den Jugendlichen darum, ihrer Sprache Originalität zu verleihen und diese authentisch wirken zu lassen. Ein sehr bedeutsamer und wichtiger Grund für die Nutzung des Ethnolekts ist der kommunikative Vorteil im Gegensatz zu der Standardsprache. Sie ist ökonomischer und bequemer, sie drückt die subjektiven Gefühle und Stimmungen besser aus und entspannt die jeweilige Gesprächsatmosphäre, da sie flexibler und weniger an Regeln gebunden ist.[17]

3.3 Integrationsdebatten in den Medien

„Die Wahrnehmung der Einwanderung in die Bundesrepublik Deutschland wird durch ein Paradoxon geprägt: Die Bundesrepublik ist faktisch eine Einwanderungsgesellschaft, will aber politisch keine sein."[18] Trotz der Versuche politisch keine Einwanderungsgesellschaft zu sein, sind die Einwanderer in allen gesellschaftlichen Bereichen angekommen und sind ein Teil der deutschen Gesellschaft geworden. Dennoch werden in den Diskussionsrunden über die Einwanderungsgesellschaft gerne die Diskurse über „Ghettoisierung" und „Parallelgesellschaften" aufgeführt. Natürlich ist es nicht abzustreiten, dass in einigen wenigen deutschen Stadtvierteln der Migrantenanteil in einer Schulklasse mehr als 40Prozent beträgt. Doch bleibt die Frage offen, wie es zu diesem Wert gekommen ist und warum bis zu

---

[16] Vgl. Androutsopoulos 2007
[17] Ehmann, H. (2005): Endgeil. Das voll korrekte Lexikon der Jugendsprache. München: C. H. Beck, S. 10-14
[18] Yildiz 2006, S.40

diesem Zeitpunkt keine Maßnahmen getroffen wurden. In Klassen mit hohem Migrationsanteil ist sogar rechnerisch die Chance geringer, dass sich entsprechende Beziehungen zwischen Migrantenkindern und einheimischen Schülern ergeben. So dann ist es auch nicht zu verhindern, dass mit höherem Anteil von Migranten-Jugendlichen an den Schulen auch die Wahrscheinlichkeit der Gruppierungen von gleicher ethnischer und/oder nationaler Herkunft steigt.[19] Dennoch ist es Fakt, dass das Alltagsleben in den Großstädten mit hoher Zuzugsrate gerne dramatisiert bzw. skandalisiert dargestellt wird. „Auf diese Weise treiben die Medien den Ethnisierungsprozess voran, übersetzen soziale ,Ungerechtigkeit in Fremdheit und verstärken rassistische Tendenzen in der Gesellschaft.“[20] Der ewig geführte Ghettodiskurs und die Herausbildung einer Parallelgesellschaft, obwohl ein Großteil der hierlebenden Migranten ausreichende Sprachkenntnisse besitzen, ist ein fester Bestandteil der medialen Darstellung geworden. Anstatt erfolgreiche Integrationsbeispiele zu präsentieren, werden die Ungleichheiten durch einen langen Strang gezogen.

> „Die Rückseite der Republik- so war ein Bericht über die Situation der Einwanderer im Spiegel (v. 4.3.2002) betitelt, in dem vor der Entwicklung von ,Parallelwelten' in den deutschen Städten gewarnt wird und dessen Vorspann die dominante Diskurslinie zum Ausdruck bringt: ,[...] Mitten in Deutschland leben Millionen von Immigranten in blickdichten Parallelwelten nach eignen Regeln und Ordnung (...).“[21]

Sehr oft zum Vorschein treten kulturelle Unterschiede und Themengebiete bezüglich der Stellung der Frau auf. Bei Differenzen aufgrund soziokultureller bzw. ethnischer Heterogenität handelt es sich vor allem um unterschiedliche Körperpraktiken (z.B. Bekleidungsverhalten) und Moralvorstellungen, insbesondere was den Umgang zwischen Geschlechtern betrifft sowie um unterschiedliche Ehrbegriffe im Zusammenhang mit Sport, Familie usw. Diese Unterschiede manifestieren sich besonders bei Deutschen und Türken bzw. Arabern. Immer wiederkehrende Berichterstattungen sind auch Themen zur Zwangsheirat und Ehrenmorde, die den Namen des Familiendramas einnehmen, wenn es sich um eine einheimische Familie handelt. Die im Jahre 2005 von ihren Brüdern ermordete Hatun Sürücü war wochenlang in der Boulevard und Fachpresse vertreten. Liberale Zeitungen wie die Süddeutsche betitelten solch eine grausame Tat mit „In den Fängen einer türkischen Familie. Muslimische Dorfmoral in der Berliner Moderne: Schon wieder haben türkische Männer eine Frau mit dem Tod bestraft" (26.02.2005). Es wird das Bild vermittelt, dass diese Tat eine gerechtfertigte Handlung im Islam und stets etwas Normales im türkischen

---

[19] Vgl. Kiper, H. (2008): Lernarrangements für heterogene Lerngruppen. Lernprozesse professionell gestalten. Bad Heilbrunn: Julius Klinkhardt Verlag
[20] Yildiz 2006, S.41
[21] Yildiz 2006, S.45

Kulturraum sei. Es wird nicht erwähnt, dass es sich hierbei um einen Einzelfall handelt. Ganz im Gegenteil dieser Akt wird auf alle türkischen Männer übertragen. Delikte werden als Auslöser für Integrationsdebatten verwendet, in denen zum Ausdruck kommt, dass in Deutschland Kulturen aufeinandertreffen, die nicht miteinander zu vereinbaren sind. Es werden schon normale menschliche Grundzüge, wie die Bindungen der Einwanderer an ihre Herkunftsländer als desintegrativ und als Merkmal für die Bildung von Parallelgesellschaften betrachtet. Da keine einheitliche Definition bei dem Begriff Integration besteht, ist es nach pseudowissenschaftlicher Art jedem selbst überlassen, was als integrativ bezeichnet wird. In den Integrationsdebatten, die „als ein integraler Bestandteil der politischen, wissenschaftlichen und medialen Kultur in der Bundesrepublik Deutschland"[22] erscheinen, werden aus spezifischen Perspektiven berichtet. „Dabei geht es nicht nur um die Konstruktion der Wirklichkeit, vielmehr vor allem darum, welche Wirklichkeiten solche Konstruktionen erzeugen und real werden lassen."[23]

3.4 Der Islam als Medienthema

Das Thema Islam wird in den Medien mehr als die meisten anderen gesellschaftlichen Phänomene vermittelt und wurde „wie sehr wenige Phänomene zuvor schon in seinem Gründungsakt, in seiner Geburtsstunde medial inszeniert und damit auch in gewisser Weise auch zu der Bedeutung konstruiert [...], die er heute hat.[24] Die Beiträge zu dem Thema Islam haben sich mit dem Beginn des 21.Jahrhunderts erheblich verschärft. Ausschlaggebend sind hierfür die gehäuften Terroranschläge von extremistischen Muslimen seit dem 11.September.2011.
Ein Großteil der Gesellschaft besitzt keinen direkten Zugang zu Muslimen. Es besteht zwischen der deutschen Bevölkerung und den Muslimen eine indirekte Interaktion. „Da direkte Kontakte mit den Muslimen immer noch selten sind, werden die Medien, welche unsere Wahrnehmung stark beeinflussen, immer wichtiger.[25] Eine Studie im Bezug auf die Islamkenntnisse vom Sprach- und Sozialforscher Siegfried Jäger stellte fest, dass die Hauptwissensquellen der Befragten diverse Zeitungen sind. Ihre Islamkenntnisse erhalten sie

---

[22] Yildiz 2006, S.43
[23] Yildiz 2006, S.43
[24] Trautmann, S. (2006): „Terrorismus und Islamismus" als Medienthema. In: Butterwegge, C.: Massenmedien, Migration und Integration. 2. Auflage. Wiesbaden: GWV Fachverlage, S.142
[25] Ates 2006, S.153

aus den Medien, statt aus eigener Erfahrung. Diese Voraussetzungen der Rezipienten ermöglichen den Medien die Konstruktion und das Festsetzen eines gewünschten Islambildes. Häufig zu entdeckende Islam-Themengebiete in den Medien sind Beiträge im Bezug auf die „Bekämpfung radikaler Islamisten und die dazu notwendigen Sicherheitsgesetzte" und „die große kulturelle Differenz zwischen dem Islam und der westlichen Kultur". Die Medien haben die Macht das gesellschaftliche und politische Klima für die zum Teil erheblichen rechtlichen wie politischen Konsequenzen zu schaffen.[26]

> „So veröffentlichte der Express (24.09.2001) ein Interview mit dem Göttinger Politikwissenschaftler Bassam Tibi, der als Islam- und Sicherheitsexperte bezeichnet wird: ‚In NRW stehen 5000 Gottes-Krieger bereit' lautet die Schlagzeile, illustriert durch ein großes Foto von Frauen mit Kopftüchern und einem kleinen Jungen, der ein Spielzeuggewehr in den Händen hält. Darunter findet der Leser folgende Erklärung: ‚Bin Ladens Helfernetz ist größer als bisher angenommen'."[27]

Der oben aufgeführte Beitrag aus der Express ist in allen Belangen stark negativ konnotiert und liefert ein fremdenfeindliches Islambild. In diesem Beitrag wird mit einem Zitat eines Wissenschaftlers in Verbindung mit einem Bild gearbeitet. Es wird genannt, dass allein in NRW 5000 Gottes-Krieger bereit seien. Diese Aussage, die von einem „Wissenschaftler" stammt, lässt bei den Lesern die Vermutung auftreten, dass die BRD jederzeit zu einer Krisensituation heranwachsen kann. Da nur die Rede von NRW ist, wird der Leser in die Position versetzt einen Wert für die gesamte Bundesrepublik zu spekulieren und somit die Angst gegenüber dem Islam, der als Synonym mit dem Begriff Terrorismus verwendet wird, zu vergrößern. Zu der furchteinflößenden Textpassage von Tibi kommt noch das große Bild von Frauen mit Kopftüchern hinzu. Es wird das Bild erweckt, dass Frauen mit Kopftüchern Terroristen seien bzw. dass das Kopftuch ein Symbol des Terrorismus sei. Ferner wird das Bild aufgebaut, dass muslimische Kinder schon in frühen Jahren mit Waffen in Verbindung gebracht werden und als Gottes-Krieger erzogen werden. „Besonders in der Propaganda wird Bildern ein höheres Maß an kommunikativer Effektivität zugesprochen als sprachlichen Ausdrücken, denn sie erhöhen die Glaubwürdigkeit, Anschaulichkeit und meinungsbildende Wirkung."[28] Der überspitzte Wert von Tibi und das Zusammenspiel mit dem Bild machen keinen Unterschied zwischen radikalen Gruppierungen und dem Islam. Das Ziel in diesem Beitrag ist ein Bedrohungsszenario zu erstellen und die Vorurteile gegenüber dem Islam zu bekräftigen. Die Trennung zwischen dem Islam und dem Terrorismus ist in vielen nicht zu erkennen, wie in auch in der Aussage von der ehemaligen FDP-Politikerin Hildegard Hamm-

---

[26] Trautmann 2006, S.141
[27] Ates 2006, S.154
[28] Ates 2006, S.155

Brücher zu erkennen ist. Sie schrieb im Express (23.09.2001), dass die Terror-Anschläge im Jahre 2001 der Beweis dafür seien, dass die islamische und christliche Kultur nicht in einem Dialog miteinander stehen, da der Nahe Osten nur mit Hass und Gewalt geprägt sei. Die verheerenden Taten werden auf die gesamte Religionsgruppe übertragen. Es wird das Bild vermittelt, dass der Islam Schuld am Terror sei, obwohl in der Öffentlichkeit mehr als genug erwähnt wurde, dass Terror und Gewalt keinen Platz im Islam besitzen.

Um den Terrorismus, die Angst und die Bekämpfung radikaler Islamisten nicht in Vergessenheit geraten zu lassen, werden sie durch die medialen Diskurse immer wieder ins Leben gerufen. Es erscheinen mehrmals im Jahr ausführliche Berichte, die in Verbindung zu dem Islam stehen. Außerdem arbeiten die Medien, vor allem die Boulevardblätter (Bild, Express), mit der Wiederholungsfunktion, wie am 11.September zu jeden Jahres. An diesem Datum werden die erschreckenden Bilder von 2001 groß auf den Titelseiten platziert. Die Rezipienten werden gewollt oder ungewollt mit dem Thema konfrontiert und „gezwungen" sich damit auseinanderzusetzen.

Die Bekämpfung radikaler Islamisten, die besser unter dem Begriff Terroristen einzuordnen sind, hat dazu beigetragen, dass die Menschheit ihres Schutzes Willen bereit war, „sehr weit reichende Einschränkungen ihrer Freiheit zu akzeptieren."[29] Das Doppelspiel der medial inszenierten Angst und der tatsächlichen Bilder des Terrors haben zu dieser breiten Akzeptanz der Einschränkung geführt. Durch die Medien werden bspw. Änderungen in der Gesetzgebung gefordert, die für die Sicherheit der Gesellschaft notwendig seien. So vermerkte der Spiegel eineinhalb Jahre nach dem In-Kraft-Treten eine mäßige Bilanz der Anti-Terror Pakete (Sicherheitspaket II), die ihre Aufgabe nicht effektiv genug erfülle.[30] Beiträge, die eineinhalb Jahre nach dem Geschehen erneut ins Leben gerufen werden, verschärfen unnötigerweise die Unruhen und erregen Besorgung, um die Sicherheit der eigenen Gesellschaft. Die negativ konnotierten Berichte sind die Hauptinformationsquellen vieler Bürger und prägen dadurch zumeist ein irreales Bild des Islams. Die ständigen Berichterstattungen über die Bedrohungen und die Gründung der Angst vor weiteren Anschlägen sind Maßnahmen, „um die Kriegsschuld den Muslimen zuschieben zu können. [...] Denn der Islam ist nicht das Problem, sondern nur ein Mittel im Kampf im internationale Interessen, Rohstoffe und Ressourcen."[31]

Als ein weiteres Diskussionsthema „in der Öffentlichkeit wird insbesondere die kulturelle Unverträglichkeit des Islams mit der demokratischen und auf Gleichheit basierenden Kultur

---

[29] Trautmann 2006, S.150
[30] Der Spiegel 22/2003, S.44
[31] Ates 2006, S.162

14

moderner westlicher Gesellschaften und die dadurch entstehenden Integrationsprobleme mit jungen Migranten [...] diskutiert."[32] Ein Beispiel hierzu sind die unterdrückenden Geschlechterverhältnisse der muslimischen Frauen. Es wird das verheerende Bild dargestellt, in der den Frauen oft jegliche Teilhabe am öffentlichen Leben verboten wird, die den starren und patriarchalischen Machtverhältnissen der Familien ausgesetzt sind und keinen Freiraum für eine individuelle Entwicklung besitzen.

4 Schluss

Das Ziel dieser Ausarbeitung war die Darstellung von Migranten in den Medien mit besonderem Augenmerk auf Printmedien. Im ersten Schritt wurden einige Theorien der Medienwirkungsforschung, sowie die Wirkungen der Medien auf die Rezipienten dargestellt. Im Hauptteil wurden vier unterschiedliche Bereiche der medialen Darstellung von Migranten ans Licht geführt. Es wurde herausgearbeitet, dass die Präsentation der Migranten in den Medien negativ verzerrt ist. Migranten werden in den Medien nämlich als eine integrationsunwillige Problemgruppe dargestellt. Die negative mediale Darstellung betrifft insbesondere die Migranten aus den islamischen Nationen. Bedingt durch die vielen Anschläge und der damit entstandenen Angst sind Themen in die Tagesordnung eingetroffen, die in früheren Zeiten in Deutschland in Bezug auf Migranten und Migration kaum einen Stellenwert hatten. Die ständigen negativ und emotional geladenen Beiträge prägen das öffentliche Bild der in Deutschland lebenden Migranten, vor allem der Muslime. Zusammenfassend kann man sagen, dass in Deutschland in großem Spektrum über Integrationsprobleme gesprochen wird, obwohl dieser Prozess viel positiver zu bewältigen wäre. Um dieses Problem beheben zu können, ist es zu allererst notwendig, dass die Politik, die Institutionen und die Medien in Deutschland den Migranten einen Schritt entgegenkommen, so dass sie sich „aufgenommen" fühlen und diese im weiteren Verlauf die Integration selbstständig ankurbeln.

> „Medienkritik, die Dekonstruktion und Gegeninformation einschließt, ist dringend erforderlich, denn sie zählt ohne Zweifel zu den konstitutiven Bestandteilen einer kommunikativen Kompetenz, von der in einer modernen Informationsgesellschaft überall gesprochen wird. Um kommunikative Kompetenz zu erlangen, muss man die Funktionsmechanismen und die Manipulationstechniken der Massenmedien kennen. Anders formuliert: Medienkompetenz bedarf radikaler Medienkritik, gerade im Hinblick auf die Migrations- und Integrationsberichterstattung."[33]

---

[32] Bonfadelli 2008, S.32
[33] Butterwegge 2006, S.222

Literaturverzeichnis

Androutsopoulos, J. (2007): Ethnolekte in der Mediengesellschaft. Stilisierung und Sprachideologie in Performance, Fiktion und Metasprachdiskurs.

Ates, S. (2006): Das Islambild in den Medien nach dem 11.September:2011. In: Butterwegge, C.: Massenmedien, Migration und Integration. 2. Auflage. Wiesbaden: GWV Fachverlage

Auer, P., Direm, I. (2004): Linguistik – Impulse und Tendenzen. Türkisch sprechen nicht nur die Türken. Über die Unschärfebeziehung zwischen Sprache und Ethnie in Deutschland. Berlin: Walter de Gryuter.

Bonfadelli, H. (2004): Medienwirkungsforschung I. Grundlagen und theoretische Perspektiven. Konstanz: UVK.

Bonfadelli, H. (2008): Jugend, Medien und Migration. Empirische Ergebnisse und Perspektiven. Wiesbaden: VS Verlag für Sozialwissenschaften

Butterwegge, C.: Massenmedien, Migration und Integration. 2. Auflage. Wiesbaden: GWV Fachverlage.

Butterwegge, C. (2006): Migrationsberichterstattung, Medienpädagogik und politische Bildung. In: Butterwegge, C.: Massenmedien, Migration und Integration. 2. Auflage. Wiesbaden: GWV Fachverlage

Ehmann, H. (2005): Endgeil. Das voll korrekte Lexikon der Jugendsprache. München: C. H. Beck

Kiper, H. (2008): Lernarrangements für heterogene Lerngruppen. Lernprozesse professionell gestalten. Bad Heilbrunn: Julius Klinkhardt Verlag

Schenk, M. (2007): Medienwirkungsforschung. 3.Auflage. Tübingen: Mohr Siebeck

Trautmann, S. (2006): „Terrorismus und Islamismus" als Medienthema. In: Butterwegge, C.: Massenmedien, Migration und Integration. 2. Auflage. Wiesbaden: GWV Fachverlage

Yildiz, E. (2006): Stigmatisierende Mediendiskurse in der kosmoplitanen Einwanderungsgesellschaft. In: Butterwegge, C.: Massenmedien, Migration und Integration. 2. Auflage. Wiesbaden: GWV Fachverlage